자주달개비꽃

자주달개비꽃

임원호 시집

그림과책

책머리에

나는 강원도 철원에서 태어나 어린 시절 일제강점기, 6·25전쟁 등 질곡의 한세월을 보내면서 운 좋게 살아남은 세대다.

한평생 교직에 머물다 퇴직하고 나니 별로 할 일이 없었다. 그저 어린 손자들과 어울려 즐거운 시간을 보내면서 가끔 몇 줄의 일기를 쓰는 것으로 삶의 보람을 찾았다.

그러다 지인의 소개로 금천문학아카데미에서 문천(文泉) 은사님을 만났다. 막상 문학이라는 새로운 장르를 접하고 보니 처음에는 너무 서먹하고 답답하기만 했다. 그런 날들을 끈질기게 이어오던 어느 날 '시 속에서 살아있는 나'를 발견하게 되고, 연습 노트가 두꺼워질수록 시를 쓰는 일이 하나의 즐거운 일과로 자리 잡기 시작했다.

다행히 문천 은사님의 추천으로 등단의 길을 열었다. 작가라는 이름으로 살아온 지 몇 년, 이제 그간 습작해온 시를 모아 두려운 마음으로 세상에 내놓는다.

깊이 잠든 꿈을 깨워 새 삶의 길을 열어주신 문천 은사님과 출판사 관계자들의 배려에 깊은 감사를 드린다.

징유년 성월 봄을 기다리며

葛村 임 원 호

차 례

제1부

제2부

제3부

제4부

제5부

제1부

고향이 그리우면

머나먼 고향 하늘
구름 따라 흐르는 얼굴
허공을 떠도는 애잔한 메아리
세밑 다가오니 더
심금을 울립니다

우렛소리에 놀란 황소
코뚜레에 매달려 싱긋 웃던 할아버지
다듬이질 소리에 맞춰 글 읽도록
등잔불 밝혀주던 할머니
누룽지 손에 쥐어주며
멋쩍어 웃음 짓던 어머니

두 손으로 얼굴을 덮어도
좀처럼 스러지지 않는
흔적 없는 추억들

앞으론 아예
하늘을 가리렵니다
고향이 그리우면

고향을 오가며

안개 낀 새벽길
마음이 먼저
고향을 향해 달린다

구보舊譜에 실려 있는
선조들의 행적
그 소중한 얼과 멋을 찾아
선산을 더듬은 지
몇 차례

정성 다한 신보新譜에도
아쉬움이 남아
한탄강 승일교를
숨 가쁘게 건널 때면
누군가 부르는 듯

돌아보니
햇살 가득한
문중묘원

당뫼에서

가을이 술렁술렁
살살이 허리를 간질이는
저녁나절

햇살 가득 머금은
노오란 물결에
허수아비
덩실덩실

세월을 읊는 농부
육자배기 한 가락에
뭉게구름
벙글벙글

아이야
하늘을 보자
티 없는 마음을

광성보廣城堡에서

늦가을 저녁나절
새롭게 단장한 능선 보루
핏자국은 사라졌어도
아우성은 그대로 남아 있는 듯
온통 검붉은 핏빛이다

역사의 현장 품은
거센 물길 손돌목
석양 등진 용두돈대龍頭墩臺
옛 모습 그대로 초연한데

무엇 때문에
누구를 위해
싸워야 했는지
애꿎은 무명전사의 무덤만
산자락에 썰렁하다

영원한 벗도 없고
영원한 적도 없는
요즘 세상
그들은 외치네
왜 죽어야 했느냐고

선산을 찾아서

가까운 산은
푸리끼리
먼 산은
누리끼리

오라는 이 없어도
반기는 이 없어도
고향을 더듬는 눈동자
발만 동동 구른다
버스 안에서

비탈길 쉬엄쉬엄 오르면
아늑한 문중묘원
산 향기에 흠뻑 취한 풀벌레들
마지막 가을 삼키고 떠난 지
이미 오래

바람결에 흩날리는
가랑잎들의 속삭임
한 시절 그리움으로 찾아온
추억 속의 미련 살포시
보듬는 듯

영목嶺睦 가는 길

고추잠자리 날갯짓에
텃밭이 빨갛게 물들어가는 계절
시골버스가 먼짓길을 달린다
곰솔 향기에 취한 듯

길가에 흐드러지게 핀
간드러진 코스모스 춤사위
낯선 길손을 다독인 듯
차창에 기댄 여인의 얼굴이
졸린 듯 포근하다

연인들 속삭임도
갈매기 날갯짓도
한낮 파도소리에 묻혀버린
아담한 포구

아기자기한 예쁜 섬들
어렴풋이 졸고 있네
온갖 세파 다 품고

아내의 텃밭

두어 평 남짓한 옥상 텃밭
해마다 여남은 포기
고추 들깨를 심는다

진딧물에 찌들세라
비바람에 쓰러질세라
나비 애벌레에 꺾일세라
무더위에 주저앉을세라
옥상을 오르내린 지 수십 년

주렁주렁 달린 고추
새록새록 돋아나는 깻잎
아옹다옹 서로 부대끼며 자라듯
알콩달콩 살갑게 살아온 부부
늦가을 찬비 예보에
서둘러 거둬들인
하늘의 선물

바가지에 흘러넘치는
가슴 넉넉한 가을
미쁜 아내 닮은 듯

냇가에서

가로등 불빛이
가물가물 흐르는 시냇가
널찍한 돌 위에 앉아
물속을 바라본다

살아서 찰랑이는
다정다감한 세상 그림자들
어찌 저리 아름다울까
거꾸로 섰는데도

씁쓸한 삶 다독이며
무심코 던진 풀잎 한 장
멈칫멈칫 맴돌더니
느릿느릿 흘러가는데

끼익 끼익
밤바람을 가르는 왜가리 한 마리
어수선한 마음 탓하네
더 느긋하게
살아보라고

낚시터에서〈1〉

솔개 한 마리
멧부리를 감돌고
연갈색 억새 새하얀 꽃이
나풀나풀 오솔길을 뒤덮은
호젓한 산자락

어쩌다 찾은
낯선 수로 상류
초겨울 갯바람이 매섭다

세월을 머금은 갈대숲
멧새 떼를 부르고
질펀한 논바닥에 내려앉은 기러기 떼
끼룩끼룩 모이 찾기에 바쁜
한나절

뗏장수초 틈새에
낚시를 드리운 벗님들
느닷없는 붕어 입질에 깜짝 놀란 미소
도시의 때를 벗은 듯
환하다

낚시터에서〈2〉

이른 봄
자욱한 안개 속에
어둑새벽이 몰려오는
아담한 방죽

개 짖는 소리도
장닭 울음소리도
한 시절 그리움으로 다가오는
외딴집 한 채
십여 년 전 정경은 아닌 듯

모진 가뭄 속에서도
어렵사리 살아남은 붕어들
잦아든 부들 틈새에서
낚싯대가 부러질 듯 요동칠 때면
기쁨도 잠시
멋쩌은 웃음이 인쓰럽나

낚시를 즐기는 사람들
손맛이 무엇이길래
저리 몸살을
앓는지

하늘공원〈1〉

봄 소리 들리나요
대지 숨결 보이나요
남쪽 멀리서 전해오는 꽃소식
아직도 몸살을 앓는 듯

햇살 가득 머금은
가지런한 갈대밭 속 새싹들
느린 봄이 얄밉다며
멋쩍은 듯 웃고 있네

노란 산수유꽃으로
세상을 쓰다듬는 벗님네들
벌 나비 빨리 오라며
재잘거리는 참새들
그 속내 알 것 같아

파란 하늘
나긋나긋 속삭이네
웅크린 가슴 활짝 열면
봄이 빨리 온다고

하늘공원〈2〉

쓰레기더미에 밀려
어디론가 사라져버린
맹꽁이들의 삶터

비탈에 덩그러니
놓여 있는 나무토막들은
지난날 정겹던 소리 기다리는
인간의 고뇌

만나지 못해
아쉽고 허전한 마음
누구와 달래보리

오르락내리락
비탈길 더듬는 맹꽁이차
맹꽁맹꽁
경적이라도 울렸으면

한탄강漢灘江〈1〉

어머니처럼 포근하게
아버지처럼 지혜롭게
심신의 아픈 상처 씻어주며
새 삶을 일깨워준
미리내 계곡

먼 옛날
나루터 너럭바위 여울에서
삶의 분수를 배우며
마음의 벽을 허물었고

가파른 낭떠러지
숨 가쁘게 오르내리다 지쳐
깊은숨 몰아쉴 때면
뽀얀 입김으로 얼룩 마음 쓰다듬던
젊은 시절

삶을 즐기는 사람은
물길을 보며 생각한다
흐르는 물이
평안함을

한탄강〈2〉

따스한 봄날
어릴 적 추억을 더듬어
머나먼 길 돌아온
길손

기다리는 벗님은 없어도
한바탕 나뒹굴고 싶은 너럭바위 여울
동심 출렁이는 다락바위
아직도 아린 세월
접지 못한 듯

승일교는 말이 없는데
먼발치 솔밭에서 들려오는
애절한 울음소리
뻐꾹 뻐꾹

낯익은 새 한 마리
푸드덕
강바람을 가르네

흔적〈1〉

먼 옛날 책갈피 속에
고스란히 살아 숨 쉬는
그리움 하나

원초의 빛으로
생글방글
웃고 있네

언제였던가
잡히지 않은 세월
향기로 스며오는
청순한 그림자

불러 보고 싶네
어릴 적 그 이름
가슴 통통 튀던 날의
네잎클로버

흔적〈2〉

그대 곁에 있을 땐
늘 편했다
가슴에 묻어둔 알싸한 말도
절로 나왔다

멀찌감치 바라보면
아쉬움만 남고
떠나보내자니
우두커니 바라볼 수밖에

차디찬 그믐달이
창문을 갸웃거리는 어둑새벽
뾰족탑에 걸린 샛별이
스스럼없이 속삭이네

흔적은
가려질 수는 있어도
지울 수는 없다고

참나

못난 것도 서러운데
가진 것 없어 그 흔한 성형조차
그림의 떡인 사람들

누구를 탓할 건가

무조건 예뻐 보이는 마술거울이라도 있다면
세속에 마음 두지 말고 지금 당장
가슴속 깊이 숨겨둔
영혼의 거울과 함께
꺼내보자

그 안에 방긋방긋 웃는
내가 있다
참 미쁘게

창

새하얀 목련꽃이
꽃망울을 방긋방긋 터뜨리는
한밤중

창문을 열고 보니
잔잔한 바람소리 따라
사뿐사뿐 별을 향해 가는 여인
생글생글 말없이
웃고 있네

마지막 아쉬움으로
남겨두려는 듯
눈을 감아도
좀처럼 지워지지 않는 영상

씁쓸한 가슴으로 다가오는
새치름한 그믐달
지그시 눈웃음치네
내가 벗이라며

여생

인생의 고빗길에서
뜻밖에 좋은 임 만나
힘겹게 일궈낸
소망

워낭소리 벗 삼아
나지막한 오르막길 걸으며
새 삶을 기리네
빈 가슴 활짝 열고

세상이 나를 안아주고
내가 세월을 품으니
사는 곳이 어디든
무엇이 부러우랴

축복이
늘 함께하니
마음이 더 푸르러

해로

두메산골
양지바른 산자락
허름한 초가집 하나

지팡이 벗 삼은 부부
담장 모퉁이에 서서
어설픈 웃음으로 잠재우네
한 시절 인고의 삶을

새하얀 머릿결
얼기설기 얽힌 주름살
초점 잃은 휑한 눈동자
아무도 범접할 수 없는
삶의 흔적이 숨어 있는 듯

세파를 뛰어넘은
풀뿌리 사랑
저녁노을 불태우네
말없는 메아리로

해산령

이리 흔들
저리 비틀
몇 굽이나 돌았는지

아득한 해산터널
손거울 같은 출구 벗어나니
숨통 터질 듯 다가오는 가지런한 산 그리메
손바닥만 한 쪽빛 호수
늦가을인 줄 알겠네

이젠 흔적조차
찾을 수 없는 옛길
산마루에 주저앉은 선인先人들
흘러가는 구름과 무슨 대화
나눴을까

꿈속 같은 세상
온갖 미련 다 씻어버리고
텅 빈 가슴
열라 하네

행운의 달

성탄의 기쁨이
온 누리에 출렁이는 밤
숨죽여 옥상에 올라가 보니
온통 뿌연 하늘뿐

기나긴 영욕의 세월
훌훌 털어버리지 못해
온갖 부질없는 짐 다 짊어지고
허튼 꿈속을 더듬어온 삶

마음 깊이 간직해온
행운의 보름달
세상에 선뜻 내놓지 못하는 이유
이제야 알 것 같아

교만에서 벗어나
회개로 영육 깨끗이 씻을 날
얼마나 더 기다려야 할까
망각이 축복인 것을

살아있는 장승

모진 가뭄에도
반짝반짝 가쁜 숨 몰아쉬는
서운산瑞雲山* 골짜기

계곡 바닥에 자리 잡은
아름드리 느티나무 한 그루
이리 보면 익살스럽고
저리 보면 섬뜩하다

역세모꼴 얼굴에
사슴뿔 닮은 머리
우스꽝스런 왕방울 눈
아기자기한 주먹코
쭉 찢어진 두툼한 입술
살아있는 기인奇人을 만난 듯

비탈길 오르내리며
가을 맛에 흠뻑 취한 사람들
환한 미소로 기리네
자연의 멋진 솜씨를

*서운산 : 경기도 안성시 서운면에 있는 산(547.6m)

제2부

봄이 오는 소리

한밤중 홀로
꽁꽁 얼어붙은
얼음판 위를 걷는다

자박자박 발걸음에
어수선해진 물속 세상
숨죽여 엿듣는다
철 이른 봄의 소리를

누군가 숨통을 틔워
대지의 혈맥을 깨운 듯
어렴풋이 들려오는
가지런한 물소리

조심스레 다가가 보니
징검다리 아래 여울
청둥오리 한 쌍
자맥질이 정겹다

봄날

파릇파릇 움트는
실버들가지 사이로
느릿느릿 흘러가는
새털구름

터덜터덜 다가오는
얄궂은 꽃샘추위
동글동글한 봄날을
더 시샘하네

몽글몽글한 꽃망울
통통 터져 활짝 필 때면
누군가 먼발치에서
데굴데굴 굴러서라도
빨리빨리 오라는데

세게 더 세게
등짝 두드리는 벗님네들
얼씨구나 웃고웃고
절씨구나 좋고좋고

봄날 여운

폭신폭신한 잔디밭
한적한 모퉁이에 자리한
아늑한 쉼터

어젯밤에는
누가 다녀갔을까
달님일까
별님일까

세상 그리운 영혼이
밤이슬로 내려와
임을 만나고 떠난 듯

사랑의 향기 숨바꼭질하는
노란 잎새들
생글방글 웃고 있네
봄빛이 아쉽다며

한가위

누리끼리한 바람에
가을이 여무는 골짜기
미루나무 텅 빈 황새 둥지에
저녁놀이 깃들면

어디선가 본 듯한
가지런한 논두렁길
허수아비 막춤사위
낯익은 길손을 부르고

달빛 넘실거리는
호젓한 옛 토담집 터
어릴 적 별님과 나눈 속삭임은
아직도 여린 귓전을
맴도는 듯

쑥부쟁이 향기 흠뻑 머금은
간드러진 풀벌레소리
한가위 보름달이
휘청하네

가을에

건들바람 나긋나긋
가을 들꽃을 쓰다듬는
계절

추심秋心은 저만치 앞서가는데
마냥 우두커니 서서
누군가 기다리는
저녁나절 향수

어렴풋이 다가오는
먼 산 바람꽃 몸부림
이젠 혼자 찾아가서라도
만나고 싶어

어릴 적 그리움
저녁노을에 두둥실
세월이 나를
이긴 듯

가을 편지

고마워요
사랑해요
행복 듬뿍 누리세요
세상에 혼자 아니라는 걸
일깨워준 벗님

늦가을 얄궂은 비 예보에
동아리 여행 뒤로 미뤘는데
막상 당일 날씨
왜 그리 좋던지

우리 함께 떠나요

울긋불긋 가을 산하
말없이 손짓하네요

세상일
다 내려놓고
어서 오라고

향수

그곳에 가면
봄소식 전해줘요

후미진 무논배미
개구리 알이 질펀한지
얼음 풀린 시냇물
버들치가 꼼지락거리는지
양지바른 산자락
할미꽃이 고개 숙였는지

오늘도
고스란히 살아 숨 쉬는
꿈속의 고향산천
먼발치 아지랑이에 가려
간들거리는 벗님네들

미안해요
함께하지 못해

초가을 단상

막바지 여름 햇살이
밤송이를 살살 간질일 때면
초가지붕 둥근 박은
해님과 무슨 대화 나눌까

갸름한 임의 얼굴
새하얀 박꽃송이 위에
어렴풋이 떠오르는 밤이면
부뚜막 귀뚜리는 뉘를 위해
저리 목청을 돋울까

끊일 듯 말 듯 이어지는
미물들의 애절한 합창곡은
긴 세월 고이 접어두었던
임의 사랑 노래

어둑새벽
먼동이 밀려오는 소리
어머님이 오려나

늦가을 단비

동네 골목길
앙상한 가지 끝에 매달린 감
찬비 맞으며
방글방글 웃고 있다

비옷도 입지 않은 채
즐거운 몸짓으로
낙엽을 쓸어 담는
어르신

고맙습니다
고개 숙인 한마디 말에
까맣게 타버린 가슴 활짝 열어
빙그레 웃을 뿐

마음 호수 가득 채워
목마른 이에게 나눠줄 수 있도록
조금만 더
조금만 더
세차게 내렸으면

늦가을 연못

억새꽃 휘청휘청
새하얀 막춤으로
막바지 가을을 떠나보내는
공원 연못가

연잎 잦아드니
까치 떼 더 설치고
때를 아는 나무들
몸통 줄이기에 한창인데

철모르는 망초꽃들
저들끼리 잘난 척

본향 잊은 쇠백로 한 마리
한껏 묵상을 즐기네
숨죽인 분수대에서

첫눈 오는 날

함박눈이 소록소록 쌓인다
가슴이 콩닥콩닥 뛴다
마음이 뒤숭숭하다

눈사람이나 만들어 볼까
연이나 날려 볼까
눈싸움이나 하러 갈까
눈썰매나 타러 갈까

어렴풋한 세월
이름조차 잊혀진 아련한 벗님들
가물가물 머릿속을
간질일 때면

느릿느릿 살고 싶은 마음
눈 위에 편지를 쓴다
남몰래

까치설날

깟–깟
까치가 운다
섣달 그믐날 아침
울타리 밖 밤나무에서

대문을 활짝 열어놓고 비질한다
쿵덕쿵덕 절구질 가락이 정겹다
지글지글 전을 부친다
오순도순 만두를 빚는다

굴뚝 연기 몽글몽글
산자락을 감도는 저녁나절
먼발치 새하얀 오솔길에
까만 점 하나
누렁이가 달려 나간다

깟–깟
까치가 운다
오라버니 돌아온다고

새해 첫날밤

자정은 가까워 오는데
눈만 더
말똥말똥하다

옥상에 올라가 보니
검푸른 서울 하늘
홀로 새치름해진 달이
서글픈 눈빛으로
누리를 굽어보는 듯

온 하늘 더듬어 봐도
스스로 고독을 즐기다 지쳐
가물가물 멀어지는 별
서너 개

숨 막힐 듯 밀려오는
어릴 적 미리내
하얀 쪽배는
어디에

설날 아침에

사진틀 속에서
살짝 웃고 있는
아이들 백일 사진

무럭무럭 잘 자라는가 싶더니
어느새 느긋한 말씨로
저들 세상을 즐기는 모습
사춘기 큰 고비 넘긴 듯
세월을 이긴 흔적이 아름답다

눈가 주름살이 자랑스럽다며
싱긋 웃는 아내
가슴속 아린 날들이
삶을 더 싱그럽게
바꾼 듯

세뱃돈 챙기는
흐뭇한 얼굴에서
예쁜 미소를 본다
어린아이 닮은

설날에

도포를 걸쳐 입고
복건을 눌러쓰고
지필을 손에 들고 달려오는
손자야

아이야
할아버지 볼에 함박꽃을
피워보렴

색동옷 걸쳐 입고
아얌을 곱게 쓰고
생글방글 웃으면서 안겨 오는
손녀야

아가야
할머니 볼에 매화꽃을
피워보렴

성탄 전야

산타할아버지
기다리다 지쳐 곤히 잠든
어린아이

엷은 미소가 상큼하다

징글벨 가락에 맞춰
신나게 눈보라를 뚫고 달려오는
썰매를 본 걸까
굴뚝에 아등바등 매달려
살짝 곁눈질하는
산타를 만난 걸까

별나라에서 보내온
아기자기한 엄마의 선물
머리맡에서 방긋
웃고 있네

세밑 잔상

한적한 두메산골
하늘이 꾸물거린다
함박눈이 펄펄 내린다
하얀 바람이 볼을 때린다

저 멀리 희미한 불빛
곤줄박이 재롱에 홀린 듯
더듬더듬 찾아가 보니
세월을 넘나든
너와집

동치미막국수 메밀총떡에
투박한 표주박이 넘쳐흐르고
걸쭉한 주모 넉살에
입맛이 더 푸짐하다

이야기 속에 살아 있는
섶다리 건너 물레방앗간
끊일 듯 이어지는
숨 가쁜 한의 노래
긴 밤이 아쉽다

세밑 푸념

찬란한 밤거리
세밑 경관이 요란하다
고난의 한 해
잊으려는 듯

무심한 세월
아우성치는 몸부림으로
쓰린 가슴 다독이면서
깨달음을 얻었건만
앙금은 좀처럼 지워지지 않아

이젠 이해와 용서로
이 세상 온갖 흔적
검붉은 저녁노을에
모조리 불살라버렸으면

시간은 하늘이 주는 것
삶은 스스로 담금질하는 것
의미 있는 이 밤이
넌지시 약속하네
홀가분한 인생을

세심

앰프에서 흘러나오는
가슴 찡한 고전 선율이
잔잔한 여울물소리와 어우러져
귓전을 간질이는
시냇가

억새 갈대 수크령도
덩달아 간들간들
갈바람을 맞이하네
한여름 고뇌 씻으려는 듯

남다른 세월의 흔적
가슴속 응어리에 얼버무려
자연의 불협화음 속으로
훌훌 날려 보내는
한낮

해오라기 한 마리
먹이 사냥에 지친 듯
여울 한복판 바위에서
낮잠을 즐기네
느긋이

새벽 산책

꿈틀꿈틀
먼동이 몰려올 때면
살가운 숨결로 되살아나는
도림천

동글동글 피라미 파문이
쇠백로 왜가리를 부르고
산들산들 수크령 숲이
새벽을 기릴 때면

으슴푸레 다가오는
단아한 관악산 갓머리
쉼 없는 여울의 속삭임이
새 삶을 다독이네

산다는 것은
미지의 먼 길을 더듬는 여정
겸허한 마음으로
오래오래 머물고 싶다
새숲말* 물가에

*신림동

별똥별

억겁의 세월
인류의 가슴에 고이 간직해온
꿈과 낭만의 잔해
이 땅을 찾아왔네

무한 신비의 우주
헤아릴 수 없는 많은 별들
그들의 명멸 따라 흘러온
흥망성쇠의 역사
오늘도 살아 숨 쉬거늘

어쩌다 소멸되지 않은
돌덩이 몇 개
재물에 찌든 현실이
이승 삶을 더 옥죄네

별나라에서 온 그대는
귀하디귀한 손님
길이 보존해야 할
우주의 선물일 뿐

제3부

새벽을 여는 삶

먼동이 틀 무렵
동네 골목길에서
날마다 쓰레기를 쓸어 담는
미수米壽의 할머니

낯선 인사에도
스스럼없이 웃음을 나누는
갸름한 얼굴
가로등도 머쓱한 듯
우두커니 바라보고

인생의 변곡점에서
스스로 터득한
너그럽고 떳떳한
믿음의 삶

교회 뾰족탑에 머문 샛별
생글생글 웃고 있네
베푸는 삶이
아름답다며

제자

모진 세월 머금은 달빛
나지막한 언덕 안개꽃에 잠들고
리듬으로 흐르는 세월
자연의 숨결을 아우르는 밤

이역만리 흩어져
강산이 여러 번 변했어도
희망의 끈으로 다가오는 미소
양털구름처럼 밀려오는데

잊은 듯 사라졌다
이른 새벽 서쪽 하늘에
유난히 반짝이는 별 하나
태평양을 건너온
반가운 손님인 듯

아직도 만남의 끈 놓지 못한
자랑스러운 인연
하얀 종이에 써본다
미쁜 별명을

스승

한 시절
운명처럼 만나
교학상장教學相長으로
아옹다옹했던 날들

수신修身은 마음먹기 나름이라며
여린 속마음 다독여
삶의 길 일깨워준
알찬 교훈

자식이 잘되면 효도
제자가 잘되면 보람
엄동설한 다가오니
세한도歲寒圖 멋을 알겠네

온갖 세파 뛰어넘어
모진 목숨 끈질기게 이어온 삶
이제야 가슴 깊이 간직해둔
스승의 얼을 꺼내본다
경건한 마음으로

때

휴전선에 세월을 묶어놓고
남남으로 살아온 지
칠십여 년

리우올림픽
체조경기장에서 만난
예쁘장한 두 여인
가슴에 붙인 국기만
다를 뿐

스스럼없이 어울려
사이좋게 셀카를 찍고
시원스레 정담 나누면서
활짝 웃는 모습
지구촌이 울먹인다

이산의 아픔
까만 응어리로 남아
때를 기다리는 사람들
눈시울을 적신다
두 손으로 하늘을 가리고

오늘

어제
오늘
내일
무엇이 다를까

지나고 보면
그날이 그날
괜스레 언짢은 모습으로
더 많은 날을 살아온 듯

조용히 숨 고르면서
속사람 헤아리면서
순수하고 미세한 심령의 소리에
귀 기울여 본다

수수께끼 같은 삶
믿는다는 것
안다는 것
길은 어디에

모래섬

한여름 소나기에
예쁜 흔적으로 남아 있는
모래섬

청둥오리 서너 마리
여물지 않은 돌피 이삭을 훑고
쇠백로 한두 마리
반짝이는 피라미 떼 쫓아
부리 씻기에 바쁜
한나절

초가을 선들바람에 깜짝 놀란
개똥참외 몇 포기
서둘러 샛노란 꽃을 피워
벌 나비를 부르는데

철없는 청개구리 한 마리
널찍한 이파리 위에서
하늘을 탓하네
비나 더 달라고

마음의 창

창문을 열면
엉성한 감나무 가지에
주렁주렁 매달린 알찬 열매
마음은 허공을 날고

옥상에서 바라보면
가지런히 다가오던 관악산 갓머리
이젠 영영 사라져버렸네
빌딩숲 속으로

시골 누이동생이 보내온
수리취떡 한 바구니
그 풋풋한 맛에 젖어
어릴 적 마음의 창을 열면
어렴풋이 밀려오는
고향산천

삼부연三釜淵 암벽 틈에서
오색 물보라 흠뻑 머금은 채
활짝 웃는 바위나리꽃
하얀 할머니 넋을
닮은 듯

못 잊어

짓궂은 응석둥이
부둥켜 얼싸안고

콩밭 속 개똥참외
남몰래 숨기신
정

오늘도
그 맛에
젖어

불러보는
할머니

무상

가야금 열두 줄에
가락이
어울리듯

마음을 담는 그릇
육신이
아니던가

끊어진
한 줄에 엉킨 허무한
그 삶이야

물컵

어찌 살고 있을까
곱디고운 검정보라색 컵으로
물 한 모금 마실 때마다
아련히 떠오르는
앳된 제자

늘 빛진 마음으로 살아온 지
사십여 년
이젠 다 이루었을까
추억 속에 고스란히 살아있는
알뜰한 소망

쨍그랑
거실 바닥에 나뒹구는
나만의 소중한 보물
가슴 아픈 추억으로
떠나보내려는데

굵은 눈썹에
동그린 예쁜 얼굴
말없이 살짝 웃고 있네
사금파리 위에서

밤

자정이 한참 지났는데
바람소리가 사납다
창문이 덜컹거린다
옥상 바닥이 쿵닥거린다

단잠에 빠진 식구들
철저하게 나만 외톨이다
이불 속에서 혼자 궁싯거리다 보니
귓속 맥박 소리에
머릿속이 휑뎅그렁하다

텔레비전을 켜자
아내가 구시렁거린다
조용히 골방에 들어가
애꿎은 자판을 두드린다

무엇을 쓰는 건지
눈까지 흐리멍덩해지더니
온통 헛말투성이다
웃기는 인생

빈 의자

어서 오세요
편히 앉아 쉬면서
세상살이 무거운 짐
다 내려놓으세요

마음에 덕지덕지 붙어 있는
온갖 시름
미련 없이 털어버리고
텅 빈 가슴
활짝 열어보세요

산들바람 나긋나긋
세상 어루만지듯
방글방글 웃는 꽃잎에
살짝 입 맞춰보세요

그대 기다리는
빈 의자는
기쁨 님실거리는
행복쉼터랍니다

사춘기

어릴 적엔 참
예뻤지요
착했지요

어느 날 갑자기
거울을 자주 보는가 싶더니
거칠어지네요
할 말 다하면서

길이 보이지 않아도
스스로 자존自存을 찾아 나서는
아름답고 당돌한 몸부림
세상 속 어버이들
끼 하나라도 고이
보듬어주길

세찬 소나기라도
한바탕 퍼부었으면

손자의 넉살

알아서 할게요
철이 든 건지
그냥 해보는 말인지

함께 살아온 십여 년
이젠 이심전심
서로 통할 줄 알았는데
산 너머 산인 듯

회초리 들어도
절대 때리지 못할 거라며
엉덩이 들이미는 아이
잠자리에 들 때면
자장가 불러달라네

늙은이 서툰 노래에
곤히 잠든 얼굴
엄마 품에 안긴 듯
평온하다

쑥대밭

가을이 여물어가는
고즈넉한
산마을

길모퉁이 둠벙 속에서
몽글몽글 흘러가는 뭉게구름
나뭇가지에 걸린 듯 허둥대는데
큼직한 물고기 한 마리
펄쩍 뛰어오르네

뒤죽박죽 물밑 세상
몸살을 앓다앓다 지쳐
아우성치는 모습
그 뉘를 탓하랴

무심코 던진 한마디 말
세상 어지럽히는
미늘인 것을

어떤 사랑

언젠가
다시 만날 날 기다리며
오로지 믿음으로 살아가는
애틋하고 진솔한 삶

현관문을 열면
보이는 건 텅 빈 고독
물 한잔에 연민을 띄워놓고
마구 피아노를 두드리는 마음
임은 알고 있을까

서글서글한 눈매에
고이 접어 새겨둔 사랑
임의 무덤 앞에 서면
절로 미소가 흐른다니

오늘도
단꿈을 꾸는 영혼
영원한 이별은 없는 듯

여름 나기

당신 그늘에서
보람을 일구던 날들
열대야에 지친 마음 다독여
기나긴 막바지 여름을
더 즐기게 합니다

땀방울에 얼룩진
어쭙잖은 몇 편의 글
당신의 인자한 미소 기리며
허공에 띄웁니다

오늘 밤엔 웬일인지
당신 닮은 상큼한 바람이
슬그머니 다가와
무딘 가슴 어루만지네요

내일 새벽엔
어떤 글을 써야 할까요
울타리 밖 밤나무 잎에 내려앉은
초롱초롱한 별들이
밤송이를 깨우네요

장 담그는 여인

나지막한 산골짝
저녁놀 곱게 물든
아늑한 외딴집

세상 떠받들 듯
장독에 금줄 치면서
소박한 꿈을 향해
세월을 쓰다듬는 여인

하늘 한번 바라보고
장독 한번 들여다보고
맛깔스러운 장단콩 장맛에
고개 갸웃거리네

한 걸음 두 걸음
조심스레 내딛는 발길
세파를 뛰어넘는
잔잔한 숨결
고이 감싸주고 싶어

제비 둥지

검붉은 벽돌집
처마 밑에 자리 잡은
희끄무레한 제비집 하나

날렵하고 우아한 몸짓으로
전깃줄에 나란히 앉아
고개 갸우뚱거리며 떠난 지 삼십 년
반쯤 부서진 보금자리엔
아직도 잔잔한 숨결이
스며있는 듯

삼월삼짇날 다가올 때면
환청으로 들려오는
제비 부부의 살가운 속삭임
노랑 부리들의 아우성

언제쯤 다시 만날 지
복 깃든 박 씨 한 알 기다리며
온 가족이 가슴앓이 하네
즐거운 마음으로

지우개

책상 한구석
책 더미 속에 묻혀 있던
반쪽짜리 지우개

곰곰이 더듬어 보니
글쓰기 공부 시작하던 날
은사님이 넌지시 건네준
선물인 듯

그랬었구나
내 안에 있는 속사람과
밀어를 나눈다
가슴이 뭉클하다
눈시울이 뜨끈하다

자판字板에서 손을 뗀다
마음의 때
지우려고

만나고 싶다

꼬끼오
붉은 장닭 울음소리
설날 새아침이
몰려오네요

만나고 싶은 사람들
모두 어디 숨어버렸는지
아른아른 멀어져 가는 얼굴들
그리움만 더 아리네요

이젠
숨바꼭질 그만두고
한 시절 보금자리에 모여
왁자지껄 한바탕 웃어보자구요
신나는 수다 떨기로

입춘 다가오니
담 모퉁이 발그레한 꽃망울
휑한 가슴 더듬네요
샛노란 복
듬뿍 머금고

제4부

자주달개비꽃

때 묻지 않은 오솔길
억새 틈바구니에 살포시 숨어
빠끔히 얼굴 내민
앙증스런 꽃

오월의 해맑은 아침
따끈따끈한 햇살 벗 삼아
수줍은 듯 미소를 감춘 모습
그 속내 어찌 알까

몽글몽글한 꽃망울
눈짓으로 만난 잠깐의 즐거움이
외로운 추억으로
오래 남을 듯

아기자기한 저들의 속삭임
홀로 엿듣고 싶네
자줏빛 하늘
닮은 사연을

봉숭아꽃

장독대 가장자리
무성한 잎 틈새에 숨어
슬그머니 속내를 드러내는
발그레한 꽃

통통 씨방 터지는 소리에
여름이 검붉게 여물어갈 때면
방글방글 웃으며 더는
건드리지 말라네

짙은 손톱
가지런한 꽃반지
물안개 모락모락 피어오르듯
여린 가슴 부풀어 오르던
어린 시절

빨간 여운
다 지워지기 전에
그대를 좀 더
일찍 알았더라면

매화〈1〉

오는 듯
안 오는 듯
꽃샘추위에 밀려
느릿느릿 오는 봄

고즈넉한 뜨란
함박눈 쌓이는 고목 등걸에
반쯤 핀 홍매 청매
고결한 속내를 여네
은은한 향으로

어쩌다 만난
앞집 낭자 뒷집 도령처럼
서로 마주 서서
꽃술만 파르르 떨 뿐

벌이 없어도
촌로의 붓끝에선
윙윙 날갯짓이
한창이다

매화〈2〉

와우산臥牛山* 산책로
가파른 나무 계단 오르다
잠시 쉬어가는
법당 입구

늙은 매화나무 한 그루
몸살을 앓고 있네
발그레한 꽃망울
쏘옥 내밀 듯 말 듯

매화꽃 속으로 오는 봄
그 맑은 향을 기다림은
부처님일까
중생일까

*보라매공원 법당 뒷산

구절초꽃

아무도 찾지 않는
후미진 산자락
구절초꽃 서너 송이

별님 벗 삼아
풀벌레소리로 외로움 달래가며
누군가의 숨결 기다렸을
그대

꽃심에 숨은 노란 햇살이
짙은 향내를 뿜어
동그란 미소를 그리네
파란 하늘 향해

시심을 깨우는
새하얀 기다림이
즐겁다며

산국山菊

나지막한 산자락
돌무더기 언저리에서
오가는 사람들과 눈 맞추며
방글방글 웃던
산국 서너 포기

어느 날 갑자기
몸통마저 잘려 나뒹구는 모습
늦가을 시향詩香은
한낱 꿈으로 사라지고

큰 한숨 들이마시며
서글픔 삼킬 때마다
저린 가슴으로 되살아오는
노르스름한 꽃망울들

그 짙은 향기 한 줌 모아
포근히 덮어주고 싶다
폭신폭신한
함박눈으로

산마을

솔개 한 마리
파란 하늘을 날개에 싣고
멧부리를 감도는
저녁나절

아기자기한 다랑논
올망졸망 얽힌 논두렁길
늦가을 노란 햇살에
졸린 듯 아늑하다

초가집 서너 채
빨랫줄에 나란히 앉은 제비들
서로 눈빛 맞추더니
먼 길 떠나고

은은한 들국 향기에
산 그림자 넘실거리는
한마당 동네잔치
내가 버린 고향이
나를 부르는 듯

산수화

가을이 물들어가는
고즈넉한 산골
소록소록 잠든 추심秋心이
하늘 아래 검붉다

무심히 흐르는 냇물
모진 세월 굽이굽이 돌아
세상을 부둥켜안고
고이 쓰다듬은 듯

어설프게 살아온 삶
한바탕 떫은 웃음으로
허전한 마음 다독일 때면
문득 떠오르는 고향

마음으로 걸어보는
억새 춤추는 오솔길
나그네 발길이
바쁘다

영춘화

시냇가 돌담길
긴 겨울잠에서 깨어나
일찌감치 새봄을 기리는
봄맞이 꽃

안간힘 다해 밀어 올린
겨울 뿌리의 간절한 소망이
발그레한 꽃망울을
애써 터뜨린 듯

샛노란 가슴 활짝 열어젖힌 꽃송이
가지런한 진초록 잎새
잔뜩 움츠린 세상을 향해
느린 봄소식을 전하는
한낮

꿀벌 한 마리
어설픈 날갯짓으로
첫 만남을 즐기네
꽃술에 얼굴을 묻고

유채

연초록 새싹들이
불쑥불쑥 고개를 내미는 시냇가
낚시꾼 긴 하품이
졸린 듯 한가롭다

말뚝찌 바라보다 지쳐
새록새록 단잠이 몰려올 때면
문득 떠오르는 아내의 손맛
눈꺼풀 비벼가며 주섬주섬
냇가를 더듬는다

샛노란 꽃망울 터질 듯 말 듯
감칠맛 나는 기름나물 줄기에
달래 몇 뿌리 곁들이면
풋풋한 향이 더 좋아

풋나물 한 움큼
매콤쌉싸래한 봄맛이
춘곤을 다독이네

정구지꽃

벌 나비 날아들지 않는
시냇가 산책로 입구
돌담 틈바구니에 숨이
홀로 외로운 꽃

모진 가뭄에도
늦가을 들국 향기 벗 삼아
오롯이 서 있네
스스로 시름 달래가며

밤하늘 별빛
남몰래 머금은 듯
청순한 자태로 다가오는
해맑은 미소

뉘를 위해
저토록 새하얀 꽃을
피울까

꽃걸음

동네 골목길
늙은 목련 한 그루
새하얀 꽃망울 바라보며
겨우내 움츠린 마음의 꽃
활짝 열고 싶은 사람들

가파加波섬 유채꽃 소식도
어느새 달포가 지났건만
봄은 왜 이리
더디 오는지

보는 것보다
기다림이 더 간절한
계절

꽃에도
날개가 있었으면

꽃비

벌 나비 춤사위에
사월의 햇살이 멈칫거리는 한낮
느릿느릿 벚꽃 길을
걷는다

오가는 사람들
새하얀 머리 위로
하늘하늘 떨어지는 꽃잎
마지막 아름다움을 벗어던지려는
홀가분한 몸짓인 듯

세월 속에 묻은
꽃들의 겸손한 마음
두 손 가지런히 모아
헤아려본다

시련 뒤에 오는
기쁨을

단비

겨우내
파닥이던 숨결이
대지를 힘껏 밀어 올리는
이른 봄날

살가운 빗방울소리에
한 줌 응어리 풀고 나니
까치 떼가 설친다
울타리 밖 텃밭에서

모락모락 솟아오르는
구수한 두엄간 냄새
씨앗 농기구 챙기느라
날 저무는 줄 모르는
농가의 하루

한오백년
신들린 노랫가락
쟁기질이 정겹다

달빛

태초의 빛으로
온 누리를 쓰다듬는
해맑은 영혼의 소리

찰싹찰싹
잔물결로 다가와
여린 가슴 어루만지네
곰살가운 속삭임으로

박힌 못 뽑아내도
자국은 그대로 남듯
좀처럼 지울 수 없는
가슴 아픈 흔적들

얼룩진 마음
훌훌 털어버리고
다소곳이 살고 싶다
타고르의 달빛처럼

흰병아리꽃

무심코 만난
새하얀 앉은뱅이꽃
어찌 자리 잡았을까
시냇가 둔덕 돌 틈바구니에

살랑살랑 갸웃거리며
수줍은 듯 소박한 얼굴로
세상을 향해 살짝
고개 숙일 때면

문득 떠오르는 추억
어릴 적 어머니 무딘 손가락에
멋쩍은 웃음으로 끼워드리던
제비꽃 반지

이제 다시 만나면
앙증맞은 흰병아리꽃 반지로
바꿔드리고 싶다
꿈속에서라도

춘란

쌀쌀한 갯바람에 청순한 고운 자태
잔설에 파르라니

잎사귀마다 기린 봄빛
한겨울 지친 몸매에
짜릿한 봄날이여

곱살한 꽃망울은 하늘을 삼켰는지
한들한들 떠는 꽃술 숨결마저 버겁다

이른 봄 꽃샘추위에
파아란 아우성아

카네이션

베토벤 소나타
나긋나긋한 봄의 선율이
한껏 부푼 봄날을 곱게 수놓는
어버이날

어린 손녀 손에서 태어난
앙증스런 카네이션 한 송이
엷은 연분홍 속삭임으로
빈 가슴 더듬더니

이튿날 아침엔
손바닥만 한 내 사진 앞에서
생글방글 웃고 있네
함초롬한 모습으로

영정사진 앞에서 마주선 듯
어설픈 부부
그 환한 미소는
어디서 온 길까

낙엽

미련 없이
뚝뚝 떨어지는 낙엽
안녕
또 만나요
어여쁜 얼굴로 다정히
속삭이네

누군가를 위해
집 곳간 먹잇감 거름으로
자신을 내어주면서
끝내 한 줌 흙으로
돌아가는 삶

한겨울 지나면
어느새 제 자리로 돌아와
한껏 새날을
누리네

때가 되면
스스로 떠나는 모습
닮았으면

겨우살이

한겨울 된바람에
온갖 생명이 자지러드는
깊은 산골

떡갈나무 우듬지에 매달린
연둣빛 더부살이 하나
파란 하늘을 이고
모진 세월을 즐기네

노리끼리한 열매
달짝지근한 맛으로
날짐승들을 불러
함께 고난을 나누는 모습

삭막한 홀로 세상
오뚝이 삶을
닮은 듯

겨울 추상화

가로등 불빛에
가녀린 수양버들이 넘실거리는
시냇가 쉼터

세찬 겨울바람에 시달리면서도
스스로 질서를 되찾으려는
나뭇가지들의 몸부림
바람 잘 날 없음을
탓하는데

가지 끝에 매달려
끈질기게 나풀거리는 나뭇잎 몇 개
혼돈의 사슬에 얽매인
속세의 욕망
아니길

온갖 번뇌 훌훌 벗어던지고
나붓나붓 떨어지는
잎새 하나
홀가분하다

제5부

녹슨 철모

백암산 깊은 골짝
돌무덤 위에 덩그러니 얹혀 있는
어느 국군의 유품 한 점
그가 남긴 한마디 말
숲은 알고 있을까

백골이라도 남겨 놓기 위해
주검 위에 돌 쌓아놓고
거수경례로 전송했던 전우들
그들의 간절한 소망
강물은 알고 있을까

비목공원
산천은 말이 없는데
허름한 나무십자가에 걸려 있는
녹슨 철모 하나
엄숙히 굽어보네
평화의 댐을

그대 죽음 위에서
살아 숨 쉬는 사람들

숙연한 마음으로 옷깃 여미며
무주고혼을 기리네
비목 노래로

남북 축구

마지막 추가시간 일 분
북측 골문으로 미끄러지듯
빨려 들어가는 공
수비수가 손으로 쳐냈는데도
부심이 깃발을 들었는데도
반칙을 선언하지 않는다

얄궂은 공
엉겁결에 다시 흘러나오자
무명선수의 발끝에서
함성이 터진다
이십팔 년 만의 금메달이다

하나 된 관중
온통 한목소리로
아우성인데

한민족韓民族끼리의 대결
어드밴티지 룰을 적용한
주심의 속마음
조금은 알 것 같아

만나야지

한 많은 사연들이
앙상한 나뭇가지에 뒤엉켜
몸부림치는 밤

철새들이 자유롭게 남북을 넘나드는
한겨울 철원鐵原평야
녹슨 철조망에 걸린
구멍 뚫린 철모 하나
빈 가슴을 옥죄네

달무리에 어린
낯익은 소년의 앳된 얼굴
아무리 불러 봐도
매몰찬 바람소리뿐

십리 길
오가는 새야
북녘땅이 멀더냐

만남

첩첩산중
아득한 준령 너머
몽글몽글 굴러가는 구름

두루뭉술한 어버이
깜찍한 재롱둥이
알콩달콩 그리운 얼굴
서로 쓰다듬는데

금강산에서 만난
얼굴조차 가물가물한 핏줄들
서러워 부둥켜안고
말 못할 눈물만 흘릴 뿐

어디까지 진실인지
안타깝게 바라보는 사람들
속앓이하듯 두드리네
멍한 가슴을

행복

고달픈 삶 속에서도
서로 존중하며
알찬 사랑으로 똘똘 뭉친
조손祖孫 가정

안으로 다듬고
밖으로 베풀면서
이웃을 향해 새 삶의 에너지를 뿌려온
나눔과 섬김의 세월

감사하면 행복해진다며
스스로 체득한 자유로운 삶
해맑은 미소로 손짓하네
나누면서 살자고

수수한
들꽃처럼

독백

돌아보면
이런저런
가슴 아픈 일도 많았지

세월 따라
걸어온 길도 달랐지
무엇에 관심을 두었는지
누구를 위해 살았는지
단 한번만이라도
솔직히 말해봐

지난 일은
되돌릴 수 없잖아
얼마나 살았느냐
어디에 살았느냐
그런 건 중요하지 않아

영혼마저 무너지는 세상
누구와 사느냐
어떻게 사느냐
참삶을 열어준 임을 향해
함께 나아가자고

넋두리

어디론가
떠나고 싶네요

슴새 숨바꼭질하는 섬
허름한 오두막이라도
부엉이 슬피 우는 두메산골
호젓한 초막이라도
좋아요

물을 만나 군말 흘리다
산을 만나 마음 다스리고
별을 만나 속삭이면서
산나물 한 접시에
마음이 넉넉하고
옹달샘 한 모금에
가슴이 후련한 곳

눈에 선하네요
어서 오라
손짓하네요

나의 하늘

파란 호수에
첨벙 뛰어든다
하늘이 화들짝 놀라
빙글빙글 동심원을 그린다

이른 새벽 정갈한 하늘
세찬 바람이 휘영청 밝은 달을 휘몰아
가슴속으로 밀어 넣는다
온몸이 찌릿하다

동남쪽 하늘에 수두룩한 별
마음이 활짝 열린다
삼태성이 반갑다는 듯
살가운 얼굴로 생글거린다
어찌 저리 고울까

늦여름 태풍이 되살려놓은 서울 하늘
비록 북두는 볼 수 없어도
오랜 소원을 풀었다
어릴 적 마음을 되찾은 밤
나도 이제
철이 들려나 보다

고인돌

가루개고개 넘는 길목
외진 괸돌말 산자락
고인돌 서너 기
할머니와 함께 잠시 발걸음 멈추고
마음 다독이던 어린 시절
괸돌은 무슨 의미였을까

철없는 동족상잔으로
거석들이 사라진지 육십여 년
지금은 텃밭으로 변해버린 무덤의 주인공들
어느 하늘을 떠돌고 있을까

돌조각이라도 남아 있다면
알뜰살뜰 주워 모아
작은 돌무덤이라도 쌓고 싶은 마음
어디에 하소연하랴

지명마저 잊혀져가는 세상
땅속 깊이 고스란히 살아 있을
선사인의 고운 숨결
이 고장 사람들
귀담아들었으면

가시박

이름만 들어도
섬뜩하다

앙칼진 가시 줄기로
칭칭 감아 숨통을 죄고
무성한 잎으로 덮어씌워
아예 말려버린다
애써 가꾼 산하를

오이 호박 접붙인다며
철딱서니 없이 수입해온
포악한 잡풀
온 나라가 몸살인데

무심한 세상
보고도
못 본 척

귀염둥이

배냇짓 곱다더니
어느새
옛이야기

방긋방긋 웃으면서
누군가 찾을 때면

아빠야
부르는 소리

아범아
듣고 있니

그리움

밤하늘 별을 엮어
손녀 목에
걸어줄까

미리내 물을 떠서
손자 손을
씻어줄까

티 없는
쪽빛 하늘엔
아이들만

오락가락

그림자

그대는
늘 나와 함께하는
벗님

생각도
닮은 듯
보이지 않으면
왠지 허전하다

스스로
참회하면서
사랑과 용서로
채찍질해야 할
인생

그대는
영원한
나의 속사람

나이

자기도취에 빠진 사람들
세상이 온통
제 손안에 있는 듯
허깨비 놀음이다

겸손과 이해
배려와 존중으로
세상과 더불어 살다 보면
마음 나이는 절로 쌓이는 것

이젠 괴물의 탈
훌훌 벗어던지고
가슴속 깊이 간직해둔
어릴 적 마음거울에
자신을 비춰보자

축복받는 인생
속사람이 웃고 있다
싱글벙글

다듬이질 소리

똑딱똑딱 똑딱똑딱
또르락똑딱 또르락똑딱
또그닥또그닥 또그닥또그닥
다다곱게 다다곱게 다다곱게 다다곱게

작게 크게 느리게 빠르게
어머니 다듬이질 가락이
뜨란 가득 별빛을 불러 모으던
어린 시절

사랑방 할머니 품에서
등잔불 벗 삼아 글 읽을 때면
동생들 재잘대는 소리도
한겨울 문풍지소리도
자장가로 들렸건만

시시비비뿐인 세상
설날 이른 새벽 환청으로 밀려오는
어렴풋한 세월의 소리
똑딱똑딱 또그닥또그닥
새아침을 다독이네
다다곱게 다다곱게

벗님

한여름 저녁나절
시냇물소리 가슴에 담고
홀로 걷는 산책길
왠지 썰렁하다

비지땀으로 무더위 삭이며
발걸음 따라간 곳은
재래시장 골목
낯익은 순댓국집

푸짐한 뚝배기에
시원텁텁차 몇 잔
답답했던 속이
풀릴 때면

어렴풋한 벗님
소나기에 흠뻑 젖은 몸으로
빙그레 웃고 있네
앞자리에서

통일 퍼포먼스

백두산 한라산에서 가져온
주먹만 한 돌 몇 개
흙 두 봉지

쟁반 위에 돌 올려
꽃나무 한 그루 세워놓고
흙을 쏟아 붓는다
백록담 천지에서 담아온
성수를 섞어 뿌린다

아무 저항 없이 하나 되는 모습
겨레의 염원을 보는 듯
다함께 숨소리 가다듬으며
눈시울을 적신다
칠십 년 한을 잠재운다

가슴 깊이 숨겨온 함성
한껏 외칠 날은 언제쯤일지
한마음으로 모인 사람들
몸부림치며 울부짖네
우리는 하나라고

할아버지

문풍지 붕~붕~
싸락눈 몰아치는 밤
화롯불에 감자 묻어놓고
콩엿 한입 무신 채
느긋이 웃으셨지

도깨비 장난질에 손자가 놀랄까봐

등잔불 간들간들
함박눈 소복소복 쌓이는 밤
이불속에 군밤 감춰놓고
곶감 한 입 무신 채
흐뭇이 웃으셨지

사랑방 툇마루에 호랑이가 올까봐

오늘도 살아 숨쉬는
할아버지 사랑
고마워요

슈퍼 달

한 생애 한번
만날까 말까한 임
그 엄청난 모습 궁금했는데
날씨마저 우중충하다
저녁 무렵엔 는개까지 내린다

이른 밤 먹구름 속에서
일그러진 숨바꼭질로
설레는 가슴 마구 휘젓더니
자정쯤에야 환한 복덩이로 나타났다
혼자 싫건 웃었다
그냥 좋아서

여남은 개의 별이
가쁜 숨 몰아쉬는 새벽
경이로운 달빛 쏟아 부으며
잠시 교회 첨탑에서 머뭇거리던 임
숨 죽여 속삭이네
먼 훗날 또 만나자고

백세 인생
어찌 살아야 할지

해 뜨는 집

가랑산 승방골
아늑한 보금자리
아옹다옹 서로 부대끼며
살아가는 사람들

애틋한 정이 그리워
환한 웃음으로 손 내밀고
함께 노래 부르자며 떼쓰다
제발 떠나지 말라며 울음 터뜨리는
천진난만한 얼굴들

원죄 참회 자유함이
무엇인지도 모르면서
꾸밈없는 몸짓으로 하늘 향해
아버지
아버지

숨 막히는 세월
그들을 보듬는 이도 마찬가지 인생
영적으로 승화한 삶이
세상을 품는 영혼의 쉼터
축복이 함께하길

해설

임원호의 시집 「자주달개비꽃」의 우아미와 서정성에 관한 소고

조 성 연

(평론가·교육학박사)

1

시란 무엇일까. 이런 질문에 어떤 시인은 '시가 무엇이긴, 그냥 시지'라는 대답을 한다. 또한 공자는 '삼백 편의 시(詩)를 읽으면 모든 시가 시시해 지지만, 그중에 한두 편의 시가 마음에 드는 것이 있다면, 그래도 그것은 나은 시'라고 말했다. 이 말처럼 사람들은 보잘것없는 시를 쓰고 자화자찬에 빠진다. 하지만 어떤 시를 쓰고 자기 자신에게 도취하는 것은 자기의 눈높이가 그 정도밖에 되지 못하기 때문이다. 초등학생이 시를 쓰고 그것이 잘 되었다고 생각하는 것은 초등학생의 시각으로 시를 보기 때문이다. 하지만 혜안을 가진 자가 선각의 눈으로 그 시를 음미해 보면 보잘것없다는 것을 알게 된다. 그 이유는 각자의 눈높이가 다르기 때문이다. 그래서 남의 시를 함부로 평하지도 못하지만, 그렇다고 해서 좋은 시라고 말하지 못하는 이유가 여기에 있다.

2

형식·형태가 완벽해도 시가 감흥이 없거나, 반대로 틀을 무시하고 시를 썼지만 무엇인지 짜릿한 감흥을 더 준다면, 과연 양자 중에 어느 것을 더 좋은 시라고 해야 할까. 후자가 더 좋은 시라고 보게 된다. 네거티브의 시보다 포지티브의 시가 더 사람들에게 감흥과 감동을 준다. 임원호의 시 「고향이 그리우면」은 음미의 진폭이 약하지만 순수성이 담긴 시이다. 고향, 그리움, 구름, 얼굴, 허공, 심금, 황소, 할아버지, 등잔불, 하늘과 같은 제재를 대비시키면서 상관관계를 높이고, 유년 시절의 추억을 담담하게 서정적으로 담아내고 있는 점이 돋보인다.

머나먼 고향 하늘
구름 따라 흐르는 얼굴
허공을 떠도는 애잔한 메아리
세밀 다가오니 더
심금을 울립니다

우렛소리에 놀란 황소
코뚜레에 매달려 싱긋 웃던 할아버지
다듬이질 소리에 맞춰 글 읽도록
등잔불 밝혀주던 할머니
누룽지 손에 쥐어주며
멋쩍어 웃음 짓던 어머니

두 손으로 얼굴을 덮어도

좀처럼 스러지지 않는
흔적 없는 추억들

앞으론 아예
하늘을 가리렵니다
고향이 그리우면

—「고향이 그리우면」 전문

3

시는 '응축'과 '음미'의 뜻을 담고 있다. 작가는 '응축의 세계'를 그려내고, 독자는 그 시를 '음미'하면서, 수수께끼를 풀 듯이 풀면서 공감대를 형성한다. 하지만 어설픈 시는 읽으면서 그냥 모든 내용이 드러나 음미하는 재미가 없다. 이렇게 생각하고 보면, 대체적으로 독자들은 아래와 같은 주제를 담은 시들을 좋아하지 않거나 반대로 회피하는 경향이 있다. '보고서 혹은 설명서 같은 시' '지나온 날의 신변잡기를 담은 시' '연대기성으로 이어져서 의미전달에 치우친 시' '응축되지 않고 동어반복, 동의반복이 있는 시' '이미지가 조각처럼 오뚝하게 그려지지 않은 시' '너무 자조적이거나 니힐리즘이 있는 시' '아이러니나 카타르시스가 없거나 빈약한 시' '앞에서 결론을 내고 밀미에 청유형으로 결론을 내 시' '아픔, 상흔, 상처를 주제로 한 자기의 일기문 같은 시' '바다, 강, 산하의 그리움, 애상을 주관적으로 담고 있는 시' '부성애, 모성애의 지나친 편협성과 보편성을 잃고 있는 시' 등이다. 임원호의 시「봄이 오는 소리」에서는 봄의 소리, 한밤중, 얼음판, 발걸음, 물속세상, 대지혈맥, 징검다리, 청둥오리 등의 어구나 제재를 통하여 겨울이 가고 봄이 찾아오는 자연의 순환 고리를 담담하게 그려내고 있다.

한밤중 홀로
꽁꽁 얼어붙은
얼음판 위를 걷는다

자박자박 발걸음에
어수선해진 물속 세상
숨죽여 엿듣는다
철 이른 봄의 소리를

누군가 숨통을 틔워
대지의 혈맥을 깨운 듯
어렴풋이 들려오는
가지런한 물소리

조심스레 다가가 보니
징검다리 아래 여울
청둥오리 한 쌍
자맥질이 정겹다

—「봄이 오는 소리」 전문

4

한 바가지의 물을 마시면 갈증을 해소하는 것 같은 시가 좋은 시라고 말한다. 하지만 응축성이 높고 음미의 진폭이 높으면 난해한 시가 된다. 너무 한눈에 들어오면 시시하게 보이고, 읽어도 무엇인지 의미를 알지 못하게 되면 반대로 난해한 시가 된다. 따라서 일정 선을 지키는 일이 시 쓰기의 전제가 된다. 시간은 많은 것을 남겨두고 흘러가면서 역사를 만든다.

시인은 과거, 현재와 미래의 시간들을 잘 알지 못하면서도 추렴과 상상을 통해서 그것을 풀어내려고 한다. 하지만 어떤 시에서는 상상의 폭이 너무 크거나 건너뛰기가 심하면 오히려 음미의 진폭이나 난해성이 커지면서 이해하기가 어려운 단점을 가지게 된다. 좋은 시는 독자에게 사색의 여유를 주고, 미처 몰랐던 미지의 세계를 풀어내는 즐거움을 준다. 임원호의 시 「새벽을 여는 삶」에서는 먼동, 골목길, 쓰레기, 미수의 할머니, 낯선 인사, 가로등, 인생의 변곡점, 믿음의 삶, 교회 뾰족탑, 베푸는 삶 등의 제재를 통하여 신에게 의지하고 사는 어느 할머니의 삶을 관조하고 있다.

먼동이 틀 무렵
동네 골목길에서
날마다 쓰레기를 쓸어 담는
미수米壽의 할머니

낯선 인사에도
스스럼없이 웃음을 나누는
갸름한 얼굴
가로등도 머쓱한 듯
우두커니 바라보고

인생의 변곡점에서
스스로 터득한
너그럽고 떳떳한
믿음의 삶

교회 뾰족탑에 머문 샛별

생글생글 웃고 있네
베푸는 삶이
아름답다며

–「새벽을 여는 삶」 전문

5

서정시는 서사시와 다르게 개인의 감정을 드러내서 쓴 시다. 어린 시절의 추억, 어머니, 뒷동산, 행복했던 날의 추억 같은 것을 소재로 자기의 내면세계를 잔잔하게 드러내서 감흥을 주는 시다. 이러한 소재들로 조각된 서정시는 누구든지 동질성의 정서와 추억을 가지고 있기 때문에 공감하면서 감흥에 빠지게 된다. 서정시는 우리의 마음속에 내재한 사랑과 그리움을 아로새겨서 사랑의 마음을 담아낸다. 하지만 추상적인 면을 내포하고 있기 때문에 명확한 이미지를 그려내기가 어려운 점이 있다. 임원호의 시「자주달개비꽃」에서는 오솔길, 억새, 앙증스런 꽃, 해맑은 아침, 따끈따끈한, 수줍은 미소, 몽글몽글, 아기자기한, 자줏빛 하늘과 같은 어구나 의태·의성어를 표출하여, 서정성을 담아내고 있다. 이러한 제재들은 언제나 사람들을 감흥 시키거나 포근하게 함으로써 모두에게 포지티브의 행복감을 높여 준다.

때 묻지 않은 오솔길
억새 틈바구니에 살포시 숨어
빠끔히 얼굴 내민
앙증스런 꽃

오월의 해맑은 아침

따끈따끈한 햇살 벗 삼아
수줍은 듯 미소를 감춘 모습
그 속내 어찌 알까

몽글몽글한 꽃망울
눈짓으로 만난 잠깐의 즐거움이
외로운 추억으로
오래 남을 듯

아기자기한 저들의 속삭임
홀로 엿듣고 싶네
자줏빛 하늘
닮은 사연을

-「자주달개비꽃」 전문

6

시 쓰기에서는 진실재(眞實材)만을 소재로 하지는 않는다. 본유관념을 거꾸로 보거나 비틀어서 보려는 발상이 시 쓰기의 소재가 된다. 작가는 시를 쓰면서 추렴과 상상의 사고를 추구한다. 심지어는 공상, 망상, 허상까지를 유추하고 사이버세계를 만들어 내기도 한다. 칸트의 비판철학은 지식이 정말로 지식이 되려면 반드시, 틀림없이, 언제나, 어디서나 옳아야 한다. 하지만 보편타당성을 가지고 있어야 할 그러한 것들이 어떻게 늘 옳을 수 있느냐를 밝히려고 한 것에서부터 출발한다. 좋은 시는 신사고의 미래지향성이 담겨져 있어야 하고, 난해하지 않으면서도 조각처럼 선명한 이미지를 그린 시가 된다. 시는 작가의 '응축성'과 독자의 '음미성'이다. 작가가 무엇을 어떻게 응축해서 형상화했을까를 견지하면서, 독자는 수수께끼를 풀듯이 응축된 시를 음미한다. 초등학생의 시처럼 읽으면서 곧바로 쉽게 음미 되는 시는 재미가 없지만, 그렇다고 나쁜 시라고 볼 수는 없다. 작가와 독자 간에 어떻게 공감대가 형성되느냐에 따라서 좋은 시가 되기도 하고, 그 반대가 되기도 한다. 임원호의 시 「녹슨 철모」에서는 육이오의 동족상잔과 무명용사의 상흔을 담아내고 있다.

백암산 깊은 골짝
돌무덤 위에 덩그러니 얹혀 있는
어느 국군의 유품 한 점
그가 남긴 한마디 말
숲은 알고 있을까

백골이라도 남겨 놓기 위해
주검 위에 돌 쌓아놓고
거수경례로 전송했던 전우들
그들의 간절한 소망
강물은 알고 있을까

비목공원
산천은 말이 없는데
허름한 나무십자가에 걸려 있는
녹슨 철모 하나
엄숙히 굽어보네
평화의 댐을

그대 죽음 위에서

살아 숨 쉬는 사람들
숙연한 마음으로 옷깃 여미며
무주고혼을 기리네
비목 노래로

―「녹슨 철모」 전문

7

인간은 왜 사는가. 무엇을 위해서 존재하고, 왜 죽어야 하는가는 철학적 명제가 된다. 이러한 명제처럼 사고의 높낮이나 주제의 범위가 너무 크고 넓으면 독자들이 이해하기가 어려운 시가 된다. 다시 말해서 시를 쓰면서 철학적 명제를 주제로 하거나 논문 쓰기에서 요구되는 논리성을 추구한다면, 이미 그것은 작시의 범위를 벗어난 것이 된다. 그렇다면 시 쓰기는 어디까지를 전제로 할 때 적정선을 지키는 일이 될까. 박이정(博而精)의 깊은 신사고가 좋은 시를 쓰는데 밑바탕이 된다. 좋은 시가 무엇인지를 사람들에게 물으면 순한 샘물 같은 시가 좋은 시라고 말한다. 하지만 필연적으로 독자는 그 의미를 유추해 보기가 쉽지 않은 점이 생긴다. 작가와 독자의 우주관, 세계관, 사상관의 차이가 있기 때문이다. 임원호의 시집『자주달개비꽃』에서는 우리에게 무엇을 주려고 하는 걸까. 단순히 세월이 가고 인생도 시든다는 것에 의미를 두었다면, 단순성이나 관용적 표현의 단조로운 시들이 된다. 하지만 철학적 명제나 논리성에서 벗어나려는 몸부림을 통해서, 사랑의 삶과 생로병사를 담담하게 관조하고 있다. 또한 여러 형식·형태의 시들을 접하게 되면서, 작시법과 시 쓰기의 재미를 살펴볼 수 있는 계기를, 보다 더 폭넓게 우리에게 보여 주고 있다.

그림과책 시선 157

자주달개비꽃

초판 1쇄 발행일 _ 2017년 3월 10일

지은이 _ 임원호
펴낸이 _ 손근호

펴낸곳 _ 도서출판 그림과책
출판등록 2003년 5월 12일 제300-2003-87호

110-814 서울 종로구 통일로 272, 210호(무악동, 송암빌딩)
[무악동 63-4 도서출판 그림과책]
전화 (02)720-9875, 2987 _ 팩스 (02)720-4389
도서출판 그림과책 homepage _ www.sisamundan.co.kr
후원 _ 월간 시사문단(www.sisamundan.co.kr)
E-mail _ munhak@sisamundan.co.kr

ISBN 978-89-94753-55-3(03810)

값 10,000원

이 도서의 국립중앙도서관 출판예정도서목록(CIP)은 서지정보유통지원시스템 홈페이지(http://seoji.nl.go.kr)와 국가자료공동목록시스템(http://www.nl.go.kr/kolisnet)에서 이용하실 수 있습니다.(CIP제어번호: CIP2017004770)